GUIDE DES PLACEMENTS FINANCIERS À LA BRVM

BANH Daouda

GUIDE DES PLACEMENTS FINANCIERS À LA BRVM

L'Harmattan
Côte d'Ivoire

5-7, rue de l'École-Polytechnique ; 75005 Paris

www.editions-harmattan.fr

ISBN : 978-2-336-50923-5
EAN : 9782336509235

Sommaire

Remerciements

Destinés aux étudiants en formation initiale et continue des grandes écoles et universités, aux cadres, aux dirigeants et à tous les acteurs concernés par la finance, cet ouvrage se veut assez modeste pour exposer une partie du champ d'étude.

Plusieurs personnes ont contribué à la réalisation de ce manuscrit.

Je tiens donc à remercier vivement tous ceux qui, grâce aux échanges constructifs, ont aidé à l'adaptation permanente de ce livre : enseignants-chercheurs, analystes financiers, consultants, étudiants de l'UFHB, auditeurs de l'APBEF.

BANH Daouda

Université Felix Houphouët Boigny (Côte d'Ivoire)

Liste des sigles et abréviations

ABF	Agent à besoin de financement
ACF	Agent à capacité de financement
AMF	Autorité du marché financier
ANB	Antenne nationale de bourse
ANC	Actif net corrigé
ANCC	Actif net comptable corrigé
APBEF	Association professionnelle des banques et établissements financiers
APT	Arbitrage pricing theory
BOAD	Banque ouest-africaine de développement
BRVM	Bourse régionale des valeurs mobilières
CAPM	Capital asset pricing model
CREPMF	Conseil régional de l'épargne publique et des marchés financiers
DC/BR	Dépositaire central /Banque de règlement
EBE	Excédent brut d'exploitation
EBITDA	Earnings before interest, taxes, depreciation and amortiization
FCP	Fonds commun de placement

FCTC	Fonds commun de titrisation de créance
MACD	Moving average convergence divergence
MEA	Modèle d'évaluation par arbitrage
MEDAF	Modèle d'évaluation des actifs financiers
OPCVM	Organisme de placement collectif en valeurs mobilières
PER	Price earning ratio
REX	Résultat d'exploitation
RSI	Relative strength index
SGI	Société de gestion et d'intermédiation
SGP	Société de gestion de patrimoine
SICAV	Société d'investissement à capital variable
TRA	Taux de rendement actuariel
UEMOA	Union économique et monétaire ouest africaine
UFHB	Université Felix Houphouët Boigny
UMOA	Union monétaire ouest africaine
VAN	Valeur actuelle nette
VAR	Value at risk
VCP	Valeur des capitaux propres
WARA	West africa rating agency

CHAPITRE I : ORGANISATION ET ACTEURS DU MARCHE FINANCIER REGIONAL

Objectifs pédagogiques

A la fin de ce chapitre, vous devrez :

- Comprendre l'organisation des marchés des capitaux et leurs finalités
- Connaitre les principaux produits cotés sur ces marchés
- Caractériser la place et le développement du numérique en finance

I PRESENTATION GENERALE

Les marchés de capitaux sont subdivisés en deux catégories : le marché de capitaux à court et à moyen terme, appelé le marché monétaire, et le marché de capitaux à long terme, appelé le marché financier. Les marchés des capitaux permettent la rencontre entre les agents à capacité de financement et les agents à besoin de financement

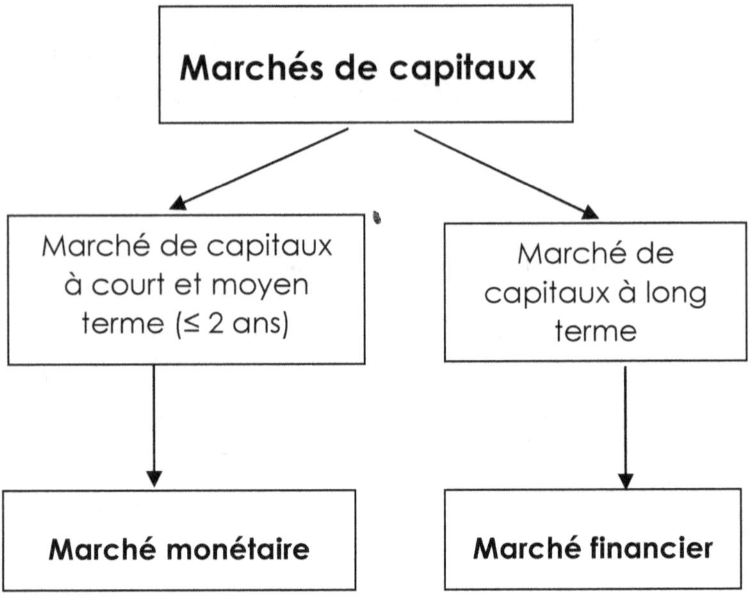

Le marché monétaire est le marché de capitaux à court terme (moins de 2 ans) où les banques, les compagnies d'assurance, les entreprises et les États (via les banques centrales et les Trésors publics) prêtent et empruntent des fonds en fonction de leur besoin.

Le marché monétaire est organisé en deux compartiments. Le compartiment réservé aux seuls professionnels du secteur bancaire, appelé marché interbancaire (les banques commerciales, la banque centrale, le trésors public). L'autre compartiment ouvert à tous les investisseurs, appelé marché de titres de créances négociables.

1.Définition du marché financier

Le marché financier est le marché sur lequel se rencontrent les demandes et les offres de capitaux à long terme. C'est aussi le lieu où s'échangent des valeurs mobilières.

Le rôle du marché financier est de favoriser :

- le financement des sociétés cotées et de l'Etat grâce à l'épargne publique (émissions d'actions et d'obligations) ;
- l'investissement : de nombreux investisseurs interviennent régulièrement sur ce marché (investisseurs institutionnels tels que les banques, les sociétés d'assurance, les fonds de retraite et de pension, les sociétés d'investissement, les trésoriers d'entreprise, les particuliers…) ;
- l'évaluation des sociétés cotées. La valeur boursière ou capitalisation boursière d'une société (cours × nombre d'actions) est connue à tout moment ;
- les prises de contrôle et regroupement (acquisitions de participation, OPA, OPE…) ;
- récupération partielle de la valeur d'une société par ses fondateurs lors de l'introduction en bourse d'une partie des titres ;
- la couverture face à certains risques (risque de change, risque de taux…) grâce aux marchés dérivés (voir chapitre 4)

2. Marché primaire et marché secondaire

Le marché financier est constitué de deux sous marchés à savoir le marché primaire et le marché secondaire. Il s'appréhende donc au travers de ses deux compartiments, qui existent quelle que soit la place financière concernée.

2.1 Le marché primaire

Le marché primaire met en relation des agents économiques cherchant à entreprendre un projet ou à financer leur développement (émetteurs, ABF), et des détenteurs de capitaux (investisseurs, ACF) cherchant à fructifier leur épargne. C'est le marché du neuf. Sa vocation est celle du financement de l'économie.

2.2 Le marché secondaire

Le marché secondaire est le marché sur lequel les investisseurs échangent entre eux les titres antérieurement acquis sur le marché primaire. C'est le marché de l'occasion ou de la revente. Il est également appelé la Bourse des valeurs mobilières ou tout simplement la Bourse.

En effet, dès la fin de la phase de souscription sur le marché primaire, les titres sont introduits en bourse (si l'émetteur est coté) et peuvent s'échanger sur le marché boursier. La bourse assure donc la liquidité et la mobilité des titres achetés sur le marché primaire. Ainsi, en l'absence du marché boursier, les actionnaires (détenteurs d'actions) et les obligataires (détenteurs d'obligations) devraient attendre, respectivement, la liquidation de l'entreprise et la date d'échéance des emprunts pour récupérer leurs capitaux investis. Cela constituerait une contrainte qui handicaperait fortement le marché primaire. La liquidité du marché secondaire contribue donc au bon fonctionnement du marché primaire.

3.Les structures centrales

L'architecture du marché est perçue à travers un pôle public (CREPMF) et un pôle privé (BRVM et DC/BR).

3.1 Le Conseil Régional de l'Épargne Publique et des Marchés Financiers (CREPMF)

Pour le désigner, plusieurs vocables sont souvent utilisés : organe de tutelle, autorité du marché financier – UMOA (AMF-UMOA), organe de régulation du marché, organe de contrôle du marché ou gendarme du marché.

Il a pour attributions principales :

- l'organisation de l'appel public à l'épargne ;
- l'habilitation, le contrôle des structures du marché et des intervenants commerciaux ;
- le contrôle de la régularité des opérations de bourse.

Le CREPMF est donc investi d'une mission générale de protection de l'épargne investie en valeurs mobilières, produits financiers négociables en bourse et tout autre placement donnant lieu à une sollicitation de l'épargne de l'UEMOA.

3.2 La Bourse Régionale des Valeurs Mobilières (BRVM)

La BRVM a démarré ses activités le 16 septembre 1998. Son siège social est situé à Abidjan en Côte d'Ivoire. Elle est chargée d'organiser et d'assurer la bonne fin des transactions sur les valeurs mobilières et d'en informer le public.

Pour ce faire, elle accomplit les missions suivantes :

- l'organisation du marché ;
- la cotation et la négociation des valeurs mobilières;
- la publication des cours et des informations boursières ;
- la promotion et le développement du marché des valeurs mobilières.

La BRVM est représentée dans chaque État de l'UEMOA par une Antenne Nationale de Bourse (ANB) qui a notamment pour missions :

- d'assister les acteurs locaux du marché (SGI, Émetteurs, Investisseurs...) ;
- d'assurer la diffusion des informations du marché au niveau national ;
- d'organiser la promotion locale du marché financier ;

3.3 Le Dépositaire central / Banque de règlement (DC/BR)

Le Dépositaire central mène ses activités au même moment que la BRVM, c'est-à-dire le 16 septembre 1998.

Le Dépositaire central est une structure privée chargée de la conservation et de la circulation des valeurs mobilières aussi bien pour le compte des émetteurs que pour des intermédiaires financiers agréés par le CREPMF. Le

Dépositaire central fait office de banque de règlement et peut détenir des encaisses des négociateurs (comptes espèces).

Il assure les missions suivantes :

- la centralisation de la conservation des comptes courants des valeurs mobilières pour ses adhérents;
- le règlement et la livraison des opérations de Bourse, en organisant pour chaque SGI, la compensation valeur par valeur entre les titres achetés et vendus ;
- le règlement des soldes résultant des compensations relatives aux opérations de marché et le paiement des produits (intérêts, dividendes, etc.) attachés à la détention des valeurs mobilières;
- la mise en action du fonds de garantie en cas de défaillance d'un opérateur.

4 Les intervenants commerciaux

Les intervenants commerciaux sont des acteurs clés du marché financier.

4.1 Les Sociétés de Gestion et d'Intermédiation (SGI)

Les SGI sont les principaux animateurs du marché. Ils ont l'exclusivité de la négociation des valeurs mobilières cotées à la Bourse et assurent en grande partie la conservation des titres pour le compte de leurs clients.

Les SGI sont constituées en sociétés anonymes ayant le statut d'établissement financier. Elles sont habilitées par le Conseil Régional et sont tenues de participer au capital de la BRVM et à celui du DC/BR.

Chaque SGI doit avoir un capital confortable et doit justifier d'un personnel qualifié, ayant obtenu des cartes professionnelles.

Tableau 1 : Classement des SGI de la zone UEMOA en 2022

Rang 2022	Rang 2021	SGI	Valeur de transaction (en million de FCFA) en 2022	Part de marché en 2022 (en %)
1	6	BOA CAPITAL SECURITIES	296 892	32,04
2	7	CGF	83 452	9,01
3	1	EIC	73 027	7,88
4	12	ATLANTIQUE FINANCE	63 120	6,81
5	2	ATTIJARI SECURITIES WA	56 991	6,15
6	14	MAC AFRICA	54 120	5,84
7	4	AGI	34 308	3,7
8	8	HUDSON ET CIE	32 449	3,5
9	11	SGCS WEST AFRICA	27 161	2,93
10	17	EVEREST FINANCE	27 161	2,92
11	9	ABCO BOURSE	26 269	2,83
12	NC	NSIA FINANCE	22 699	4,45
13	3	SGI BENIN SA	19 720	2,13
14	15	FGI	14 826	1,6
15	20	IMPAXIS SECURUTIES	14 774	1,59
16	10	BNI FINANCES	12 675	1,37
17	NC	BRIDGE SECURITIES	11 653	1,26
18	16	BICI BOURSE	9 445	1,02
19	18	CORIS BOURSE SA	8 056	0,87
20	NC	SGI NIGER	7 098	0,77

Source : BRVM

4.2 Les Conseils en investissements boursiers

Ils ont pour rôle d'orienter le choix de leurs clients sans se substituer à eux quant à leurs décisions finales. Ils sont habilités par le CREPMF.

4.3 Les Démarcheurs

Les démarcheurs ont pour métier de faire des offres de service ou de donner des conseils, de façon habituelle, en vue de susciter la souscription, l'achat, l'échange, la vente de valeurs mobilières ou, la participation à des opérations sur ces valeurs. Ils sont habilités par le Conseil Régional.

4.4 Les Conservateurs

Les banques de l'Union sont habilitées à exercer les activités de teneurs de compte et de conservateurs pour le compte de leurs clients. Elles sont soumises, dans le cadre de ces activités, au contrôle du Conseil Régional.

4.5 Les OPCVM

La gestion collective des valeurs mobilières s'effectue au niveau des OPCVM, regroupés en Sociétés d'Investissement à Capital Variable (SICAV), et en Fonds Communs de Placement (FCP) ou toute autre forme d'organisme de placement collectif en valeurs mobilières agréé par le CREPMF.

Les OPCVM (Organisme de Placement en Valeurs Mobilières) sont des véhicules d'investissements qui permettent aux petits épargnants d'investir en bourse à travers la mise en commun des fonds collectés.

En 2020 on dénombre au moins 111 FCP et 03 SICAV.

Les OPCVM représentent plus de 7 % des avoirs titres et espèces des clients UMOA.

À côté de ces OPCVM, il existe les FCTC. Un fonds commun de titrisation de créances est une copropriété qui a pour objet d'acquérir des créances et d'émettre des obligations ou des parts ou actions représentatives de ces créances.

Exemple : FCTC NSIA Banque 7 % 2020-2025 (sur le marché obligataire)

4.6 Agence de notation

Une agence de notation (WARA, Bloomfield, Standard and Poor's, Moody's, Ficht Rating…) est donc une entreprise commerciale, agréée par les autorités des marchés, qui attribue des notes aux émetteurs des titres négociés sur les marchés financiers. Ces notes évaluent la solvabilité des émetteurs, c'est-à-dire leur capacité à rembourser les emprunts qu'ils émettent en temps et en heure. L'initiative de la notation émane soit de l'émetteur lui-même soit de l'agence elle-même.

La note obtenue par un émetteur conditionne sa capacité à trouver des investisseurs prêts à acheter ses titres, et le taux de rémunération qu'il va devoir offrir pour attirer les investisseurs. En effet, plus la note attribuée est mauvaise, plus l'émetteur devra offrir un taux plus élevé. La note la plus élevée est généralement attribuée aux États des pays développés.

Tableau 2 : Évaluation de la qualité de crédit

	NOTATION S&P		PERSPECTIVE	DERNIERES DECISIONS RECENTES
1	Côte d'Ivoire	BB-	STABLE	Notation et perspective confirmée à BB- stable (mai 2023)
2	Bénin	B+	STABLE	Perspective révisée de positive à stable (mars 2023)
3	Sénégal	B+	STABLE	Perspective révisée de stable à négative (février 2023)
4	Burkina Faso	CCC+	STABLE	
5	Cameroun	B-	STABLE	
6	Ghana	CCC+	STABLE	
7	Nigéria	B-	NEGATIVE	
8	Maroc	BB+	STABLE	Notation révisée à BBB- à BB+ (avril 2021)
9	Chine	A+	STABLE	
10	Afrique du Sud	BB	STABLE	

Source : Standard & Poor's

Le tableau qui suit présente les échelles de notation de deux agence de notation

Tableau 3 : Échelles de notation

<table>
<tr><th>Catégorie investissement</th><th>Bloomfield</th><th>Standard & Poor's</th></tr>
<tr><td>Exceptionnel</td><td>AAA</td><td>AAA/AAA-/AA+</td></tr>
<tr><td>Excellent</td><td>AA+/AA/AA-</td><td>AA/AA-/ A+</td></tr>
<tr><td>Moyen supérieur</td><td>A+/A/A-</td><td>A, A-/ BBB+</td></tr>
<tr><td>Moyen inférieur</td><td>BBB+/BBB/BBB-</td><td>BBB/BBB-</td></tr>
<tr><td>Catégorie Spéculative (Junk)</td><td>Bloomfield</td><td>Standard & Poor's</td></tr>
<tr><td>Spéculatif</td><td>BB+/BB/BB-</td><td>BB+/BB/BB-/B+</td></tr>
<tr><td>Hautement spéculatif</td><td>B+/B/B-</td><td>B/B-/CCC+</td></tr>
<tr><td>Risque substantiel</td><td rowspan="2">CCC/CC/C</td><td>CCC/CCC-/,CC+</td></tr>
<tr><td>En mauvaise condition</td><td>CC/CC-/C+</td></tr>
<tr><td>En défaut</td><td>D</td><td>C</td></tr>
</table>

Source: Bloomfield et Standard & Poor's

4.7 Garants

Le garant désigne une personne physique ou morale qui apporte une garantie financière lors d'une transaction.

Exemple : Proparco ; Fonds de Solidarité Africaine (FSA) ; Fagace, BOAD

4.8 Listing sponsor

Le listing sponsor est un intermédiaire financier qui accompagne une entreprise avant son introduction en bourse.

Exemple : Mazars CI, Benin ; SGI CGF Bourse

Tableau 2 : Récapitulatif des acteurs commerciaux et leurs fonctions

ACTEURS		FONCTIONS
SGI		Chargé de la négociation et de la compensation
SGP		Gestion de titres sous mandat privé (transmission d'ordres clients aux SGI)
OPCVM	SICAV	Gestion de titres sous mandat collectif (transmission d'ordre des clients aux SGI, SA)
	FCP	Gestion de titres sous mandat collectif (transmission d'ordres clients aux SGI) : copropriété qui n'a pas de personnalité juridique
	FCT	Acquisition de créances et émission d'obligation ou d'action

Apporteurs d'affaires	Conseille le client, relation client-SGI, acheminement d'ordres
Démarcheurs	Conseille l'achat ou la vente de titre
Conseils en investissement	Oriente le client.
Agence de notation	évalue la solvabilité des émetteurs
Garant	Garant financier lors d'une transaction
Listing sponsor	Aide une entreprise pour son introduction en bourse

Source : BRVM

II. LES INSTRUMENTS FINANCIERS

Les différents produits financiers et leurs caractéristiques sont présentés ici.

1 Le marché obligataire

Le marché obligataire est le marché sur lequel s'échangent les obligations antérieurement émises. Il s'agit d'un marché secondaire. Les opérations y sont réalisées au comptant.

Les principaux émetteurs sont l'État (pour financer ses déficits successifs) et les sociétés privées.

Le marché des obligations est composé d'un compartiment unique dont les conditions d'admission sont les suivantes :

- le nombre minimal de titre à l'émission doit être au moins égal à 25 000 titres ;
- la valeur nominale minimale (le montant de l'emprunt) de l'émission doit être d'au moins 500 millions de francs CFA.

NB : Les titres d'État sont admis d'office.

2 Le marché des actions

Les conditions d'admission des actions et les modes de cotation sont décrits.

2. 1 Les compartiments du marché régional

Pour être admise sur l'un ou l'autre des compartiments des actions, l'entreprise doit être constituée sous forme d'une société anonyme.

Tableau 4 : Conditions d'admissions selon le compartiment

CRITERES	PRESTIGE	PRINCIPAL	CROISSANCE
Forme juridique	Société anonyme	Société anonyme	Société anonyme
Capitalisation boursière minimale	100 millions	100 millions	10 millions
Période minimale d'activité	10 ans	5 ans	2 ans
Historique de comptes certifiés	5 ans	3 ans	2 ans

Diffusion minimale de capital dans le public	20 % correspondant à 4 millions de titres min. et au moins 200 actionnaires	15 % correspondant à 2 millions de titres min. et au moins 100 actionnaires	10 % correspondant à 500 000 de titres min.
Gouvernance d'entreprise conforme aux normes en vigueur dans l'UEMOA	Obligatoire	Obligatoire	Non requis
Bénéfice Net	3 exercices bénéficiaires sur les 5 derniers	Capacité à être profitable sur un exercice, prouvée et documentée	Non requis
Diffusion de l'information financière	Évènementiel, annuel, semestriel , trimestriel et rapport RSE (100 % des publications règlementaires réalisées sur l'année précédente)	Évènementie, annuel, semestriel , trimestriel et rapport RSE	Evènementiel, annuel, semestriel
Convention d'animation du marché	Oui	Oui	Non requis
Business Plan	Non requis	Non requis	Oui
Listing Sponsor	Non requis	Non requis	Oui

Source : BRVM

NB : Il y a 46 sociétés cotées au total

Le flottant est la part du capital d'une société cotée, détenue par le public (investisseurs ou épargnants) et composant de ce fait la partie circulante de son capital, c'est-à-dire la partie susceptible de faire l'objet de transactions à la Bourse

2.2 Caractéristiques des actions

Les principales caractéristiques des actions sont le cours, le *PER*, la volatilité, la liquidité, le rendement annuel brut et le *maxdrawdown.*

2.2.1 Le cours

Le cours est appréhendé à travers les modes de cotation et les ordres de bourse.

Principe

Le cours est le résultat de la confrontation de l'offre et de la demande, à un instant donné. Il correspond au prix permettant d'échanger le plus grand nombre de titres possible. Il est déterminé par le marché.

La capitalisation boursière d'une entreprise c'est la valorisation d'une société à partir de son cours boursier. Elle est égale au nombre d'actions constituant le capital social d'une société cotée multiplié par son cours de Bourse. La capitalisation boursière varie donc en fonction du cours des actions de l'entreprise.

Les modes de cotation de la BRVM (Techniques de cotation)

- La cotation en continu : les cours s'ajustent au fur et à mesure de l'arrivée des ordres regroupés sur un carnet d'ordres central ;

- La cotation au fixing : les cours sont fixés à des heures déterminées (exemple : deux fois par jour) à partir des données accumulées depuis le fixing précèdent.

La cotation en continu est réservée aux titres les plus cotés.

La journée de cotation à la BRVM se déroule comme suit :

Tableau 5 : Journée de cotation à la BRVM

Phase	Phase	Horaire
1	Préouverture	09 h 00mn à 09h 45 mn
2	Fixing d'ouverture	09 h 45 mn
3	Négociation en continu	09 h 45 mn à 14 h 00 mn
4	Pré-clôture	14 h 00 mn à 14 h 30 mn
5	Fixing de clôture	14 h 30 mn
6	Négociation au dernier cours	14 h 30 mn à 15 h 00 mn
7	Fermeture et officialisation du marché	15 h 00 mn

Source : BRVM

Les ordres de Bourse

Les ordres de bourses sont des instructions données par toute personne physique ou morale désireuse d'acheter ou de vendre des valeurs mobilières en bourse.

En effet, pour passer un ordre, il faut au préalable être titulaire d'un compte titres auprès d'une banque habilitée (appartenant au groupe des Teneurs de compte / Conservateurs) ou d'une SGI.

L'ordre peut être passé par écrit (fax ou ordre signé) ou par téléphone (suivi d'une confirmation écrite) ou par mail. Il doit comporter :

- les coordonnées de l'investisseur (le donneur d'ordre) ;
- la date, le sens de l'opération (achat ou vente) ;
- le nom, le libellé ou le code ISIN du titre, le nombre de titres et le cours d'exécution, la durée de validité de l'ordre ;
- le numéro du compte concerné et toutes les autres précisions nécessaires pour sa bonne exécution.

Les ordres de bourse peuvent se présenter sous diverses formes ; mais les plus couramment exécutés à la BRVM sont : l'ordre « à cours limité », et l'ordre « au marché ».

Pour l'ordre « à cours ou prix limité », le client spécifie le prix maximum auquel il est disposé à acheter ou le prix minimum auquel il est disposé à vendre. L'ordre comporte donc un prix maximum à l'achat (seuil maximal à ne pas dépasser) ou un prix minimum à la vente (prix sous lequel on ne souhaite plus vendre).

L'exécution d'un ordre « à cours limité » est subordonnée à l'existence d'une contrepartie suffisante à un ou plusieurs prix compatibles avec sa limite.

Quant à l'« ordre au marché » il est prioritaire devant tous les autres types d'ordres. Cette priorité s'explique par une absence totale de limites en termes de prix. L'investisseur souhaite acquérir une certaine quantité de titres mais le prix d'exécution lui importe peu.

Le carnet d'ordres a une fonction première de recueil des ordres sur un titre. Tous les ordres y sont répertoriés. Il est le récapitulatif exhaustif des ordres passés sur une valeur. À chaque valeur est associé un carnet d'ordres. Sur celui-ci, les professionnels pourront visualiser la totalité des ordres passés sur la valeur (cours, quantité, SGI…). Ce carnet n'a pas de but spéculatif.

2.2.2 Le PER (Price Earning Ratio)

Le PER est un ratio qui permet aux investisseurs d'estimer le prix d'une action.

Il se calcule de la manière suivante :

$$PER = cours\ de\ bourse / BPA(Bénéfice\ Par\ Action)$$

- Si PER est supérieur au PER moyen, alors l'action est surcotée donc il est conseillé de la vendre.
- Si PER est inférieur au PER moyen, alors l'action est sous-cotée donc il est conseillé de l'acheter.

2.2.3 La Volatilité

La volatilité mesure l'amplitude des variations de cours d'une action. Elle constitue une indication du risque associé au titre. Généralement, elle est mesurée par l'écart type de la rentabilité du titre.

2.2.4 La liquidité

Une action est liquide lorsque le volume des transactions quotidiennes relatives à cette action est tel qu'un ordre peut être exécuté rapidement et sans modifications du cours.

En général, la liquidité des grandes valeurs (valeurs phares) est très bonne.

2.2.5 Le rendement annuel brut

Le rendement annuel brut s'entend avant impôt. On le calcule à l'aide de ce ratio :

$$Dividende/cours$$

Le rendement est calculé sur la base du dernier dividende distribué.

Ces valeurs sont connues pour verser régulièrement un dividende confortable.

Ce sont des valeurs de rendement (par opposition aux valeurs de croissance qui se développent rapidement mais dont le rendement est généralement médiocre)

2.2.6 Maxdrawdown

Le maximun *drawdown* est un indicateur de gestion de risque. Il correspond à la perte maximale enregistrée par un portefeuille sur une période donnée.

2.2.7 Les indices d'actions

Un indice boursier est une valeur calculée par le regroupement des valeurs des titres de plusieurs sociétés. C'est un outil statistique qui sert à mesurer la performance d'une Bourse ou d'un marché d'actions. Pour ce faire, l'indice se doit d'être représentatif, fiable et précis.

La performance d'une Bourse est généralement mesurée par plusieurs indices :

- un indice principal qui mesure la performance globale de la Bourse ; cet indice est calculé à partir de la totalité ou de la majorité des sociétés inscrites à la Bourse ;
- des indices sectoriels qui mesurent la performance d'un sous-ensemble de sociétés ayant des caractéristiques communes, ces indices sont calculés à partir de sociétés incluses dans le sous-ensemble visé.

Au niveau de la BRVM, nous avions jusqu'en 2022 deux principaux indices :

- l'indice BRVM10 qui est constitué des 10 sociétés les plus actives du marché. Il s'agit des 10 entreprises dont les actions sont les plus échangées sur le marché au cours d'un trimestre. La composition de l'indice BRVM est donc révisée trimestriellement. À l'issue de la révision, de nouvelles sociétés font leur entrée dans l'indice tandis que d'autres en sortent ;

- l'indice BRVM Composite qui mesure la performance globale de la BRVM. Il est composé de toutes les valeurs admises à la cote au niveau de la BRVM.

Trois indices ont été créés en 2023 à savoir BRVM composite (regroupe l'ensemble des sociétés cotées tel qu'il existe déjà), BRVM 30 (30 valeurs les plus échangées sur un trimestre et remplace la BRVM 10) et BRVM prestige (1er compartiment, révision annuelle)

3.Les produits dérivés : contrats fermes (*forward* et *future*) , Swap et options

Un produit dérivé est un instrument financier dont la valeur dépend d'un sous-jacent (SJ)

Il convient de distinguer 3 types de produits dérivés : les contrats à terme de type *Forward* et de type Futures, les Swaps et les Options. (un développement des produits dérivés est réalisé dans le chapitre 3)

4.Les types de *trade*

Les différents types de *trade* font référence à l'unité de temps principale et à l'horizon d'investissement du *trade.*

Il existe cinq types de *trade* :

- l'investissement à long terme : de plusieurs mois à plusieurs années ;
- l'investissement actif : de plusieurs semaines à plusieurs mois ;
- *swing* : opération sur plusieurs jours :
- l'*intraday* ou le *day trading* : opération sur la journée ;

- le *scalp* ou *scalping* : opération rapide de quelques secondes à quelques minutes.

5. L'émergence de nouveaux acteurs de la finance

Les nouvelles formes de financement et les monnaies virtuelles forcent les institutionnels à évoluer et à proposer de nouveaux services.

5.1Le crowdfunding

Le *crowfunding* ou financement participatif consiste à faire financer un projet (*funding*) ou une entreprise risquée par un nombre d'individus ou de souscripteurs (*crowd*) plutôt que par des professionnels.

5.2 Les fintechs

Le terme générique « *fintech* », contraction des mots *finance* » et « *technology* », correspond au déploiement de la technologie dans les activités financières, phénomène dont le *crowdfunding* constitue l'une des applications les plus visibles.

5.3 La blockchain

La *blockchain* (chaine de block) est un registre permanent, infalsifiable, distribué et historicisé qui permet d'établir de la confiance entre les agents, sans qu'il n'y ait intervention d'un tiers.

5.4. Intelligence artificielle et *big data*

Aujourd'hui certaines entreprises tentent de prédire les évolutions de très court terme des pris sur les marchés grâce aux algorithmes d'intelligence artificielle et de *data mining*.

D'autres se spécialisent dans la prédiction des risques de faillite pour mieux mitiger le risque de crédit

Application : Mots croisés

Remplir la grille ci-dessous à l'aide des définitions

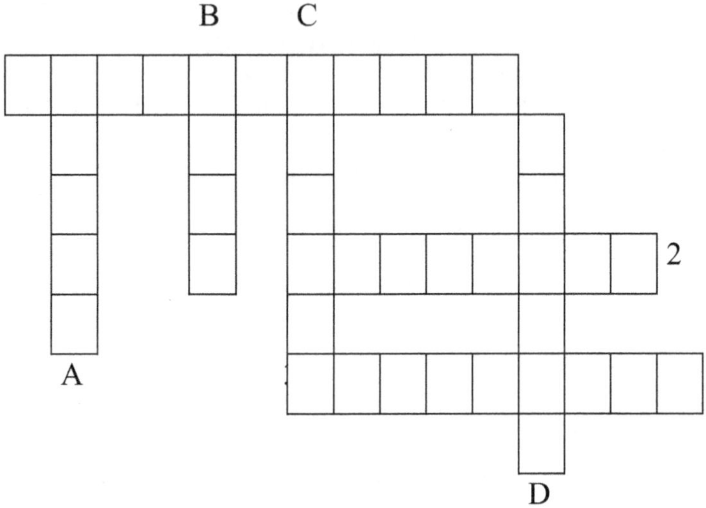

1. Les SGI sont des intervenants
2. Le marché du neuf
3. Marché des capitaux à long terme

A. Ils représentent au plus 10 % des avoirs titres et espèces des clients de l'UEMOA

B. Principal émetteur du marché obligataire

C. Gendarme du marché

D. La gestion dont l'objectif est de faire mieux que le marché

CHAPITRE II : EFFICIENCE DES MARCHES FINANCIERS ET COMPORTEMENT DES INVESTISSEURS

Objectifs pédagogiques

Au terme de ce chapitre, vous saurez :

- Maitriser les notions d'efficience du marché et de finance comportementale
- Mesurer la performance d'un portefeuille
- Identifier les approches de gestion de portefeuille

Le degré d'efficience des marchés est une question centrale de la théorie financière aux implications pratiques importantes. Le style de gestion choisi par un gérant dépendra de son opinion sur la question.

I DE L'EFFICIENCE DU MARCHE A LA FINANCE COMPORTEMENTALE

Dans cette section, nous présentons les formes d'efficience du marché financier. Par la suite, une synthèse des anomalies liées à l'efficience du marché financier est mise en évidence.

1Les différentes approches de l'efficience

On peut définir quatre notions d'efficience : l'efficience allocationnelle, l'efficience technique, l'efficience du point de vue du comportement des acteurs et l'efficience informationnelle.

1.1 L'efficience allocationnelle

L'efficience allocationnelle renvoie à la manière dont le marché financier remplit correctement son rôle d'allocation de l'épargne. Les ressources sont orientées vers les emplois les plus productifs et favorisent ainsi le développement de l'économie.

1.2 L'efficience technique ou opérationnelle

La deuxième approche de l'efficience porte sur le fonctionnement des marchés financiers.

Les marchés financiers sont efficients au sens technique ou opérationnel lorsqu'ils permettent aux offreurs et aux demandeurs de capitaux d'opérer des transactions dans les meilleures conditions possibles et au meilleur coût.

1.3 L'efficience selon la rationalité des acteurs

La troisième notion d'efficience a trait au comportement des opérateurs. Si les opérateurs ont un comportement rationnel, alors le marché sera efficient. A titre d'exemple, les agents sont capables de réviser leurs anticipations et de modifier leur comportement de façon à tenir compte des nouvelles informations qui leur parviennent, et ce, sans biais.

1.4 L'efficience informationnelle

La dernière définition de l'efficience des marchés financiers, dans le prolongement de la précédente, fait référence à la capacité du marché d'intégrer l'ensemble des informations disponibles. Il revient à Fama (1965) d'avoir défini précisément le concept d'efficience informationnelle en considérant qu'un marché est efficient « si et seulement si l'ensemble des informations disponibles concernant chaque actif financier coté sur ce marché est immédiatement intégré dans le prix de cet actif.

Fama (1970) distingue trois niveaux d'efficience :

- un marché est efficient sous la forme faible lorsque les cours intègrent l'ensemble de l'information passée. Une des implications de cette définition est qu'il n'est pas possible de gagner de l'argent en excès du marché en utilisant les cours passés, comme le font les chartistes pour construire leurs indicateurs de gestion ;
- un marché est efficient sous la forme semi-forte lorsque les cours intègrent l'ensemble des informations passées et publiques. Selon cette définition, il n'est pas possible de faire des gains en excès du marché lors d'annonces d'informations sur la société, les bénéfices par exemple. L'information devient publique et peut être utilisée par tous au moment où elle est communiquée. Il n'est pas non plus possible d'espérer battre le marché en faisant de l'analyse fondamentale lorsque l'information utilisée est publique ;

- un marché est efficient sous la forme forte lorsque les cours intègrent l'ensemble des informations passées, publiques et privées. Si le marché est efficient sous la forme forte, il n'est pas possible de faire des gains en excès du marché avec des informations d'initiés par exemple.

2. Anomalie

Une anomalie est l'observation d'une relation statistiquement significative entre les rentabilités du marché et des périodes calendaires, des caractéristiques des titres ou des événements observables.

L'effet lundi ou effet week-end c'est lorsque les rentabilités en moyenne sont négatives le lundi alors qu'elles sont positives les autres jours de la semaine.

Pour l'effet janvier ou changement d'année c'est quand les rentabilités moyennes de janvier sont supérieures aux 11 autres mois de l'année.

Les rentabilités du mois de septembre, concernant l'effet septembre, sont négatives en moyenne dans le mois de septembre, alors qu'elles sont positives en moyenne les autres mois de l'année.

L'effet changement de mois laisse observer une rentabilité plus élevée les derniers et premiers jours du mois.

L'effet taille signifie que la rentabilité est d'autant plus importante que la capitalisation est faible.

3 La finance comportementale

La finance comportementale est l'application de la psychologie à la finance : elle s'oppose à la théorie financière classique selon laquelle les individus sont des personnes rationnelles et dès lors que les marchés sont efficients. Un investisseur dispose de temps et de ressources limitées. Ensuite, il est influencé dans une large mesure par ses émotions, sa personnalité, son expérience, ses habitudes, ses peurs et par ses interactions sociales, autant de facteurs qui démontrent son manque de rationalité pouvant le conduire à des erreurs de jugement (biais comportementaux).

Elle aide à comprendre les anomalies sur les marchés des actions à partir du comportement des agents : sur et sous-réactions du marché des actions, bulles, pessimisme irrationnel, etc.

3.1 Le comportement moutonnier (ou l'instinct grégaire)

Les investisseurs prennent souvent la décision d'investir dans un titre parce que tout le monde l'achète, sans procéder à aucune vérification ou considération économique. Alors que valeur du titre ne monte pas en raison de ses fondamentaux qui s'améliorent mais parce qu'il bénéficie d'une publicité accrue.

3.2 Le biais d'auto-complaisance en finance comportementale

L'être humain a tendance à s'attribuer personnellement les succès et à imputer les échecs aux autres (ou à la malchance), à l'image du banquier qui recommande des titres à son client : si le titre montre c'est grâce au client qui a su faire preuve d'un excellent discernement parmi les propositions du banquier. Si le titre descend en revanche, c'est ce dernier qui est incompétent.

II LES MODELES D'EVALUATION DE LA RENTABILITE ET MESURES DE PERFORMANCE DE PORTEFEUILLE

Dans cette section les techniques de calcul de la rentabilité ainsi que mesures de performances sont mises en évidence.

1 Les modelés d'évaluation de la rentabilité

Les modèles expliquent la formation des cours sur le marché financier.

1.1Le MEDAF (CAPM- Capital Asset Pricing Model)

Le MEDAF (Modèle d'Évaluation des Actifs Financiers) établit une relation qui permet de trouver le taux de rentabilité exigé d'un actif en fonction de son risque systématique.

La relation est la suivante :

$$E(R_p) = R_f + \beta_p[E(R_m) - R_f]$$

$R_m - R_f$: prime de risque du marché

R_f : le rendement de l'actif sans risque

R_p : rentabilité du portefeuille

β_p : le risque systématique du portefeuille P et seul ce risque est rémunéré. Le risque spécifique n'est pas rémunéré car il peut être éliminé par diversification.

La relation du MEDAF montre que la rentabilité espérée d'un investisseur est une fonction linéaire du β de cet investisseur. La droite représentative de cette relation est appelée droite de marché (ou droite des actifs risqués).

Ce modèle permet d'évaluer plusieurs actifs financiers tels que les actions, obligations, SICAV, FCP.

1.2Le MEA (APT- *Arbitrage Pricing Theory*)

La rentabilité d'un titre, selon le MEDAF, ne dépend que d'un seul facteur de risque : son beta

Par la suite, Stephen Ross en 1976, étend ce modèle en indiquant que la rentabilité d'un titre financier ne dépendrait pas uniquement de sa sensibilité à la prime de risque de marché, mais également à plusieurs autres facteurs macroéconomiques (F_1 , F_2 ... F_n).

Cette théorie appelée MEA (Modèle d'Evaluation par Arbitrage) a la forme suivante :

$$R_i = R_f + \beta_{i,1}F_1 + \beta_{i,2}F_2 + \cdots + \beta_{i,n}F_n$$

2 Les mesures de performance

La mesure de performance a pour objectif de classer les fonds. Elle doit être capable d'apprécier la capacité des gérants à ajouter de la valeur aux portefeuilles gérés.

Il existe plusieurs mesures pour valoriser la performance. Nous avons choisi d'en présenter trois qui reviennent régulièrement dans les travaux de recherche.

2.1Le ratio de Sharpe

Le ratio de Sharpe permet de classer les portefeuilles lorsque le numérateur est positif. En revanche, lorsqu'il est négatif, son interprétation devient hasardeuse et il vaut mieux ne pas l'utiliser.

$$S = \frac{R_{pt} - R_{ft}}{\sigma_p}$$

Avec :

S : le ratio de Sharpe

R_{pt} : le rendement du portefeuille à la période t

R_{ft} : le rendement de l'actif sans risque à la période t, le taux de la BOAD (Banque Ouest Africaine de Développement)

β_p : le risque du portefeuille

R_{mt} : le rendement du marché (indice BRVM 10)

Le rendement de l'indice de marché est déterminé de la manière suivante :

$$R_{mt} = {(I_t - I_{t-1})}/{I_{t-1}}$$

Où I_t et I_{t-1} représentent la valeur de l'indice de marché à la période t_1 et $t-1$

2.2 L'alpha de Jensen

Le calcul de l'alpha se fait en estimant les coefficients du modèle économétrique suivant :

$$(r_p - r_f) = \hat{\alpha}_p - \hat{\beta}_p (r_m - r_f)$$

Un αp positif signifie que la rentabilité du portefeuille est en excès de celle prédite par le MEDAF et que le gérant a opéré des choix d'investissement qui se sont révélés profitables. A l'inverse, un αp négatif signifie que le gérant a fait de mauvais choix.

2.3 Le modèle de Treynor et Mazuy

Pour mesurer les capacités de *market timing* des gestionnaires, Treynor et Mazuy (1966) proposent d'ajouter un terme non linéaire au modèle linéaire habituel qui devient :

$$R_p - R_f = \alpha_p + \beta_p(R_m - R_f) + \gamma_p(R_m - R_f)^2 + \varepsilon_p$$

Un coefficient γ positif après estimation du modèle signifie que le gestionnaire a des capacités de *market timing*, car la rentabilité du portefeuille est alors d'autant plus élevée que la prime de risque est grande.

A l'inverse, un coefficient γ négatif indique que le gestionnaire a tendance à modifier de façon inopportune le risque du portefeuille avec le choix d'un bêta plus élevé lorsque la prime de risque est faible ou négative et plus faible que l'exposition moyenne au risque lorsque la prime de risque est élevée.

La forme du modèle permet au bêta de prendre n'importe quelle valeur.

Le coefficient α correspond à l'alpha de Jensen qui est positif lorsque le gestionnaire est capable de sélectionner des titres sous-évalués.

III LA GESTION DE PORTEFEUILLE

La gestion d'actifs financiers, aussi appelée gestion de portefeuille ou *asset management*, est une activité qui consiste à gérer les capitaux confiés dans le respect des contraintes règlementaires et contractuelles en appliquant les politiques d'investissements définies en interne, pour en tirer le meilleur rendement possible en fonction du risque choisi.

1 Analyse fondamentale vs analyse technique

Il est important de retenir que l'analyse fondamentale vise le long terme alors que l'analyse technique se concentre sur le court terme.

1.1 L'analyse fondamentale

L'analyse fondamentale permet d'interpréter et de comprendre l'impact des nouvelles économiques sur le cours de bourse d'un actif. Les investisseurs qui utilisent ce type d'analyse tentent d'évaluer la valeur intrinsèque réelle d'une action à travers l'étude de plusieurs éléments (évolution d'un niveau d'activité, de la rentabilité, de la solvabilité, des perspectives, etc…)

Les fondamentalistes se séparent en deux grandes familles d'analystes : la famille de l'analyse microéconomique et celle de l'analyse macroéconomique des marchés.

De ce fait, il est important d'étudier plus précisément ces deux approches opposées mais complémentaires.

Au niveau de l'analyse microéconomique, les fondamentalistes ont développé un ratio qui est le PER

(*Price Earning Ratio*) ; PER= cours boursier/ Bénéficies Nets

Cette stratégie se nomme « *stock picking* ». (Sélection des titres sous évalués)

L'approche macroéconomique est considérée comme une approche dynamique car les variables économiques évoluent d'une façon cyclique. Du coup l'investisseur macroéconomique pratique l'art du « *Market Timing* » basé sur l'anticipation des baisses et des hausses des taux d'intérêt.

1.2 L'analyse technique

L'analyse technique ou chartiste considère que l'évolution des titres financiers obéit à des lois qu'une étude détaillée des cours et des volumes peut mettre en évidence.

Pour y procéder, les analystes utilisent des outils de suivi de tendance (MACD) et des oscillateurs (RSI).

Le MACD (*Moving Average Convergence Divergence*) donne le signal d'achat ou de vente d'une valeur.

Le RSI (*Relative Strenght Index*) est un oscillateur borné (entre 0 et 100) qui mesure l'évolution du sous-jacent sur une période donnée.

2 Gestion passive vs gestion active

Le type de marché dans lequel vous souhaitez investir, de même que vous ressources et vos objectifs actuels, peuvent guider le choix d'un style de placement.

2.1 La gestion Passive

La gestion passive est une stratégie qui permet d'acheter un actif pour le garder. C'est pourquoi il y a un moindre besoin de liquidité.

La gestion passive expose l'investisseur à une classe d'actifs diversifiés, pour un coût raisonnable et avec peu de surprises.

Le gestionnaire est jugé sur la précision avec laquelle il suit le rendement de l'indice.

2.2 Gestion active

L'objectif de la gestion active est de générer de la performance sur la base d'anticipations d'évolution des marchés et des actifs. La qualité des anticipations formées par le gérant est donc essentielle et va déterminer sa capacité à atteindre ses objectifs de gestion. Elle provient soit d'une information imparfaitement intégrée dans les cours, exploitée par le gérant, soit de la capacité de ce dernier à établir de meilleures prévisions parce qu'il dispose de modèles de prévisions plus efficaces que les autres. Dans la gestion active traditionnelle, un *benchmark* sert à apprécier le talent du gérant.

Application : Mots croisés

Remplir la grille ci-dessous à l'aide des définitions

1.Relation entre rentabilité du marché et période calendaire

2. Les cours intègrent les informations passées

3. Instinct grégaire

A. L'objectif de mesurer la performance des fonds

B Analyse technique

C L'art du *market timing*

CHAPITRE III : EVALUATIONS DES ACTIFS FINANCIERS (*ASSET PRICING*)

Objectifs pédagogiques

Au terme de ce chapitre, vous saurez :

- Evaluer une action à travers les trois méthodes
- Comprendre les caractéristiques d'une obligation
- Valoriser un produit dérivé

I EVALUATION DES ACTIONS

Il existe trois grandes techniques d'évaluation :

- l'évaluation patrimoniale (passé) : l'entreprise vaut ce qu'elle possède ;
- l'évaluation comparable (présent) : l'entreprise vaut ce que valent les autres ;
- l'évaluation intrinsèque (avenir) : l'entreprise vaut ce qu'elle rapportera.

1.L'évaluation à travers l'approche patrimoniale

Les valeurs au bilan sont comptabilisées au coût historique et peuvent être différentes des valeurs réelles.

La méthode de l'actif net corrigé (ou actif net réévalué, ou situation nette) pour l'évaluation de l'entreprise est réalisée à partir des valeurs réelles (retraitées) et non avec les données comptables. Dès lors, des corrections aux postes du bilan s'imposent.

$$ANCC = ANC + (plus\ ou\ moins\ value) + Economie\ d'impot - Dettes\ fiscales\ latentes$$

$$Valeur\ mathématique\ intrinsèque\ de\ l'action = \frac{ANCC}{nombre\ d'actions}$$

Avec

$$Actif\ net\ comptable (ANC) = Valeur\ de\ l'actif - Dettes\ (y\ compris\ les\ dividendes\ à\ distribuer)$$

$$ANC = Actif\ Net - Dividenes$$

Avec

$$Actif\ Net = Capitaux\ propres - Actif\ fictif$$

2. L'évaluation des actions par la méthode des comparables

La valeur des capitaux propres d'une entreprise à partir de la méthode comparative est estimée par :

$$VCP = Multiple\ choisi \times indicateur\ correspondant\ de\ l'entreprise$$

$$VCP = Valeur\ des\ Capitaux\ Propres$$

Cette méthode suppose qu'il existe des entreprises comparables dont le risque et taux de croissance sont semblables à ceux de l'entreprise qu'on cherche à évaluer.

Les multiples utilisés sont :

- PER
- Chiffres d'affaires
- EBE ou EBITDA
- REX

3.L'évaluation par les flux

En synthèse

D =Dividendes

R_c= Taux d'actualisation (coût des capitaux propres)

g= Taux de croissance moyen des dividendes sur le long terme

Il existe deux principaux modèles d'évaluation des actions, axés sur les flux futurs de dividendes à distribuer aux actionnaires.

L'utilisation des dividendes est faite avec le coût des capitaux propres qui représente le taux exigé par les actionnaires. Son calcul est réalisé à partir du MEDAF (voir chapitre 2)

3.1 Le modèle d'Irvin Fisher

La valeur d'une action est obtenue en actualisant les dividendes. En multipliant cette valeur par le nombre d'actions, on obtient la valeur de l'entreprise.

Si les dividendes sont supposés constants sur les différentes périodes :

$$\text{Valeur de l'action} = D \times \frac{[1 - (1 + R_c)^{-n}]}{R_c}$$

Si on raisonne sur un horizon à l'infini :

$$\text{Valeur de l'action} = \frac{D}{R_c}$$

3.2 Le Modèle de Gordon et Shapiro

Dans ce modèle la valeur actuelle d'une action (son prix), dépend du prochain dividende divisé par le coût des capitaux propres moins le taux de croissance de ces dividendes. Ce modèle est souvent appelé modèle de Gordon-Shapiro, du nom des deux économistes qui les premiers l'ont formulé rigoureusement.

Si la période de distribution des dividendes est infinie :

$$Valeur\ de\ l'action = \frac{D}{R_C - g}$$

II EVALUATION DES OBLIGATIONS

L'encours des titres de dette émis par les émetteurs de l'UEMOA s'élève en 2020 à plus de

1 937 milliards de FCFA reparties entre l'Etat et les entreprises.

Cette section est consacrée aux obligations et à leur méthode d'évaluation (*bond pricing*).

1 Caractéristiques d'une obligation

Une obligation est un titre de dette émis par l'Etat ou une entreprise pour emprunter des capitaux. Ce titre est acheté par un investisseur (le créancier, ou obligataire) qui, en échange du prix ; reçoit la promesse de flux futurs. Ce titre matérialise un engagement contractuel entre un préteur et un emprunteur dont les modalités sont détaillées dans un prospectus.

Le prospectus définit le capital emprunté :

- Valeur nominale : elle sert au calcul des intérêts versés par l'emprunteur
- Prix d'émission : c'est le prix que les souscripteurs paient à l'émission et il est exprimé en pourcentage de la valeur nominale
- Amortissement (modalités de remboursement) :
- in fine : par exemple, en une seule au bout de 4 ans
- constant, par tranches égales, 4 remboursements annuels égaux (capital/4)
- annuités constantes par exemple, 4 montants constants (capital et intérêt)
- coupon zéro : par exemple , aucun versement des intérêts pendant 4 ans et remboursement du capital et intérêts capitalisés en une seule fois à l'échéance.

Le prospectus précise également les revenus du prêteur :

- taux d'intérêt ou coupon ou taux facial ou taux nominal

- intérêts = coupon × valeur nominale

- prime d'émission = prix d'émission moins la valeur nominale

- le prix de remboursement : il correspond au remboursement de l'obligation à son échéance. Ce remboursement peut être supérieur au montant du nominal, et ce, afin d'accroître l'intérêt pour les investisseurs. La différence entre le prix de remboursement et le nominal est appelé prime de remboursement.

La rentabilité d'une obligation se mesure par le TRA, qui est le taux d'actualisation qui annule la VAN de ses flux contractuels : c'est le TRI d'une obligation.

Il se calcule à la date de règlement (achat) avec la formule suivante :

$$\boldsymbol{TRA} = [\sum_{i=1}^{n} \frac{\boldsymbol{C}}{(\boldsymbol{1}+\boldsymbol{t})^{i}} + \frac{\boldsymbol{N}}{(\boldsymbol{1}+\boldsymbol{t})^{n}}]$$

Avec

C= coupon

N=prix de remboursement

P= prix d'émission sur le marché primaire ou cotation sur le marché secondaire

Pour le calcul du TRA d'un coupon zéro, la formule devient :

$$\boldsymbol{TRA} = \frac{\boldsymbol{N}^{\boldsymbol{1}/\boldsymbol{n}}}{\boldsymbol{P}} - \boldsymbol{1}$$

2 Sensibilité et Duration

La sensibilité d'une obligation est la variation de la valeur de cette obligation provoquée par la variation d'un point du taux d'intérêt. Cette variation est exprimée en pourcentage.

La sensibilité permet ainsi de connaître la valeur future d'une obligation en utilisant différents scénarios de taux d'intérêts.

La duration d'une obligation est la moyenne pondérée des dates d'échéances des diverses annuités par les flux monétaires (coupons et/ou remboursements) versés aux échéances, ces flux étant actualisés au taux du marché.

La duration d'une obligation correspond à la période à l'issue de laquelle sa rentabilité n'est pas affectée par les variations de taux d'intérêt.

Plus la duration d'une obligation est longue, plus le risque de perte en capital est élevé pour une hausse de 1% du taux actuariel.

$$\text{D} = \frac{\sum flux\ actualisés\ pondérés\ par\ la\ période}{\sum flux\ actualisés}$$

La Σ des flux actualisés correspond à la valeur de l'obligation à la date concernée.

Selon I . Fisher, la relation entre la sensibilité et la duration est la suivante :

$$S = \frac{-D}{1+t}$$

III EVALUATION DES PRODUITS DERIVES

En synthèse

T : date d'échéance du contrat

K : prix d'exercice ; il ne change pas une fois le contrat signé

F_t Prix à terme coté sur les marchés financiers

Position longue ou long position désigne celui qui s'engage à acheter le bien.

Position courte ou short position désigne celui qui s'engage à vendre le bien.

S_t : *Spot price* ou prix du sous-jacent sur le marché

r : taux d'intérêt sans risque

Prime ou premium : prix du contrat dans le cas des options

c : call

p : put

Option d'achat ou call : contrat qui donne à son détenteur le droit et non l'obligation d'acheter un sous-jacent à un prix fixé

Option de vente ou put : contrat qui donne à son détenteur le droit et non l'obligation de vendre un sous-jacent à un prix fixé

Détenteur de l'option : celui qui paye une prime lui donnant le droit d'exercer l'option. Il est en position longue ou position d'achat de l'option

Vendeur de l'option : celui qui encaisse la prime. En échange, il a l'obligation d'exécuter le contrat d'option si l'acheteur décide d'exercer son option. Il est en position courte ou position de vente du contrat d'option

La valeur intrinsèque d'une option : gain brut qu'elle procurerait à son détenteur s'il exerçait son option immédiatement

Option américaine : contrat d'option qui donne à son détenteur la possibilité de l'exercer à tout moment dans la période entre la signature du contrat et son échéance

Option européenne : contrat d'option qui donne à son détenteur d'exercer l'option uniquement à l'échéance du contrat

Payoff brut : gains ou pertes brutes de l'investisseur

Payoff net : gains ou pertes nets de l'investisseur

Option vanille : option européenne ou américaine simple

1.Le taux d'intérêt en continue

Avant de se lancer dans les premiers calculs financiers, il est nécessaire de disposer de certaines informations relatives aux taux d'intérêt utilisé. Le taux d'intérêt est en général donné annuellement, mais sa composition peut se faire sur un jour, un mois, un semestre, etc. Cette différence en composition du taux d'intérêt affecte le montant à rembourser ou à percevoir en fin de période.

La convention retenue donne la formule suivante :

$$C_T = C_0\left(1+\frac{i}{m}\right)^{Tm}$$

Sur les marchés financiers la périodicité des taux d'intérêt est continue. Elle peut être subdivisée en nombre infini de fois sur une année, soit $m \to \infty$

On a donc $C_T = C_0\left(1+\frac{i}{m}\right)^{Tm}$ $avec\ m \to \infty.\ Or\ \lim_{m\to\infty}\left(1+\frac{i}{m}\right)^{Tm} = e^{iT}$

D'où la formule pour le calcul du montant en fin de période avec un taux d'intérêt en composition continue est

$$C_T = C_0 e^{iT}$$

2.Définitions

Un produit dérivé est un instrument financier dont la valeur dépend (ou dérive) d'un sous- jacent. Autrement dit, le produit dérivé est un contrat financier par lequel un acheteur fixe le prix d'un actif appelé sous-jacent un jour donné mais le réalise plus tard.

Plusieurs types de sous-jacent font l'objet d'échange : les devises (marché des changes), le pétrole, les minerais (or, argent, cuivre …), les produits agricoles (marché des matières premières), les actions, les obligations, les indices boursiers (marché des actions) et les taux d'intérêt (marché des taux d'intérêts), etc.,

Les dérivés sont échangés à la fois sur des marchés organisés et des marchés de gré à gré. Le bon déroulement des opérations sur le marché organisé est assuré par une chambre de compensation.

Les produits dérivés sont utilisés aussi bien pour la couverture, que pour la spéculation et l'arbitrage.

La couverture est une assurance contre les risques de variations des prix du sous-jacent.

La spéculation consiste à prendre des risques afin de faire des profits en faisant des prévisions justes sur le sens d'évolution du marché des sous-jacents.

Dans le cas de l'arbitrage, les produits dérivés sont utilisés pour faire des profits lorsqu'il existe des anomalies soit du prix d'un même actif financier sur deux ou plusieurs marchés, soit sur un actif dérivé et son sous-jacent, sans prendre aucun risque.

Il convient de distinguer 3 types de produits dérivés : les contrats à terme de type *Forward* et de type *Future*s, les *Swaps* et les *Options*.

3.Contrats à terme

Un contrat *forward* est un engagement ferme à acheter ou à vendre un actif (appelé sous-jacent) à une date future donnée pour un prix convenu. Un contrat *forward* est échangé sur un marché de gré à gré, le plus souvent entre deux établissements financiers ou entre un établissement financier et un client.

Les futures sont des contrats à terme négociés sur des marchés organisés.

Le caractère organisé, rend nécessaire la définition d'un certain nombre de paramètres et règles qui permettent leur fonctionnement et assurent leur liquidité.

3.1 *Payoff* des contrats à terme

Le *payoff* constitue les gains ou les pertes enregistrés par une des parties qui s'est engagé dans le contrat à terme.

Acheteur du sous-jacent : Position Longue $Payoff = S_T - K$

Vendeur du sous-jacent : Position Courte $Payoff = K - S_T$

3.2 Détermination du Prix à terme contenu dans les contrats *forward* et *future*

Le prix à terme c'est le prix d'exercice stipulé en t pour la livraison du support en T.

Arbitrage cash and carry pour définir le prix à terme d'une action sans dividende.

	0	T
Action de l'action	$-S_0$	S_T
Emprunt pour acheter l'action	S_0	$-S_0e^{rT}$
Vente à terme et livraison du support		$K - S_T$
Flux net	0	0

Il existe une opportunité d'arbitrage si une stratégie de valeur nulle en 0 offre la possibilité d'obtenir un flux non nul à la date T. donc, pour ne léser aucune des contreparties du contrat, il faut que le flux net soit également nul.

D'où :

- Actions ne payant pas de dividendes

$$F_0 = S_0 e^{rT}$$

Par le même raisonnement on obtient :

- Actions payant des dividendes, montant connu D

$$F_0 = (S_0 - D)e^{rT}$$

- Actions payant des dividendes, taux de rendement connu q

$$F_0 = S_0 e^{(r-q)T}$$

4.Les swaps

Le swap est un contrat dans lequel les deux parties signataires s'accordent sur un échange de taux intérêt (un taux fixe contre un taux variable) ou de devises (une devise étrangère contre une autre devise) afin de réduire le coût de leurs emprunts. Le contrat spécifie, en autres les dates d'échanges de ces flux de trésorerie, les taux d'intérêt, le taux de change, etc. Les swaps sont principalement utilisés par les grandes entreprises ou des banques.

Payoff **des swaps de taux d'intérêt**

L'usage ses swaps est justifié par l'avantage comparatif : pour un couple donné, la facilité relative d'accès aux marchés des emprunts à taux fixe et à taux variable n'est pas la même.

Chaque entreprise aura donc intérêt à emprunter sur le marché qui lui est le plus favorable, quitte ensuite à faire un swap avec l'autre si le type d'endettement contracté (fixe ou variable) ne lui convient pas.

Quand l'écart entre les conditions de taux fixes obtenues par deux entreprises est différent de l'écart entre les conditions de taux variables obtenues par ces deux mêmes entreprises, elles peuvent optimiser leurs conditions d'endettement ou de placement en signant un contrat de swap. Dans ce cas, le gain net pour toutes les parties en présence est égal à la différence des écarts entre les taux variables et ceux des taux fixes.

5.Les options

L'option est un contrat qui donne à son détenteur un droit d'achat ou de vente d'une quantité du sous-jacent à un prix convenu d'avance à une date fixée. Lorsque l'option ne s'exerce qu'à l'échéance, on parle d'option européenne. Lorsque l'option peut s'exercer à tout moment, de la signature du contrat jusqu'à l'échéance, on parle d'option américaine.

5.1Payoff des options européennes

Il y a quatre stratégies ou positions de base

Tableau 6 : Stratégie d'achat/vente d'options

	Scénario	Résultat
Achat de call	Anticipe une hausse du cours du sous-jacent	Prix du sous-jacent – Prix d'exercice – Prime versée
Achat de put	Anticipe une baisse du cours du sous-jacent	Prix d'exercice – Prix du sous-jacent – Prime versée
Vente de call	Anticipe une stabilité ou une baisse et que l'option ne soit pas exercée	Prime reçue – (Prix du sous-jacent-Prix d'exercice)
Vente de put	Anticipe une stabilité ou une hausse et que l'option ne soit pas exercée	Prime reçue – (Prix d'exercice – Prix du sous-jacent)

Les prix d'exercices sont fonction de l'évolution du cours du sous-jacent. Ils permettent de savoir si une option a de la valeur ou non. Le tableau ci-dessous en est l'illustration.

Tableau 7 : Configurations possibles des options d’achat et de vente

	Option d'achat-*Call*	Option de vente - *Put*
$K = S_T$	L'option est à la monnaie	L'option est à la monnaie
$K > S_T$	L’option est en dehors de la monnaie. L’option n’a aucun intérêt à être exercée	L’option est dans la monnaie L’option peut être exercée
$K < S_T$	L’option est dans la monnaie L’option peut être exercée	L’option est en dehors de la monnaie. L’option n’a aucun intérêt à être exercée

5.2La parité Call-Put

Il existe une relation entre la prime d’une option d’achat européenne (call) et celle d’une option de vente européenne (put) lorsque les conditions suivantes sont vérifiées :

- le sous-jacent est le même pour le call et le put ;
- le prix d’exercice K est le même ;
- la maturité T est la même.

Cette relation est telle que pour un prix c du call européen, un prix p du put européen et le prix courant S_0 du sous-jacent on a

$$c + Ke^{-rT} = p + S_0$$

Cette relation nous dit que le prix d'un call européen majoré de la valeur actualisée du prix d'exercice est égal au prix du put européen majoré du prix courant du sous-jacent.

5.3 Les méthodes d'évaluation des options

L'option est le droit d'acheter ou de vendre un actif a un prix convenu et pendant une période définie au préalable.

Il existe deux modèles principaux pour le *pricing* d'une option

5.3.1Le modèle binomial d'évaluation des options

La méthode binomiale consiste à diviser la durée de vie de l'option en intervalles de longueur Δt. Sur chaque intervalle, le prix de l'actif passe de sa valeur initiale à *Su* ou *Sd* . Ces deux variations sont respectivement un mouvement down (avec une probabilité *1-p*) ou un mouvement up (avec une probabilité *p*)

Les paramètres p, u et d sont choisis de façon à retrouver les valeurs exactes de la moyenne et de la variance de la rentabilité de l'action (de la variation du prix de l'action) sur chaque intervalle de temps Δt .

La rentabilité espérée d'une action doit être le taux d'intérêt sans risque r. Donc, à la fin de l'intervalle de temps Δt , l'action ne payant pas de dividende de prix initial S aura pour valeur espérée $Se^{r\Delta t}$. Pour retrouver dans l'arbre la rentabilité espérée, les paramètres doivent vérifier :

$$Se^{r\Delta t}=pSu+(1-p)Sd$$

Avec

$$e^{r\Delta t}=pu+(1-p)d$$

$$p=\frac{e^{r\Delta t}-d}{u-d}$$

5.3.2Le modèle d'évaluation d'options de *Black-Scholes*

La formule de *Black - Scholes* pour évaluer un call sur une action ne versant pas de dividendes est :

$$C=S\times N(d_1)-VA(K)\times N(d_2)$$

Avec $N(d)$ la valeur de la fonction de répartition d'une loi normale centrée réduite au point d et

$$d_1=\frac{\ln(S/VA(K))}{\sigma\sqrt{T}}+\frac{\sigma\sqrt{T}}{2} \qquad \text{et } d_2=d_1-\sigma\sqrt{T}$$

Cinq paramètres sont nécessaires pour évaluer une option dans le modèle de Black Scholes : le prix de l'actif sous-jacent, sa volatilité, le prix d'exercice de l'option, sa date d'expiration et le taux sans risque.

Application : Mots croisés

Remplir la grille ci-dessous à l'aide des définitions

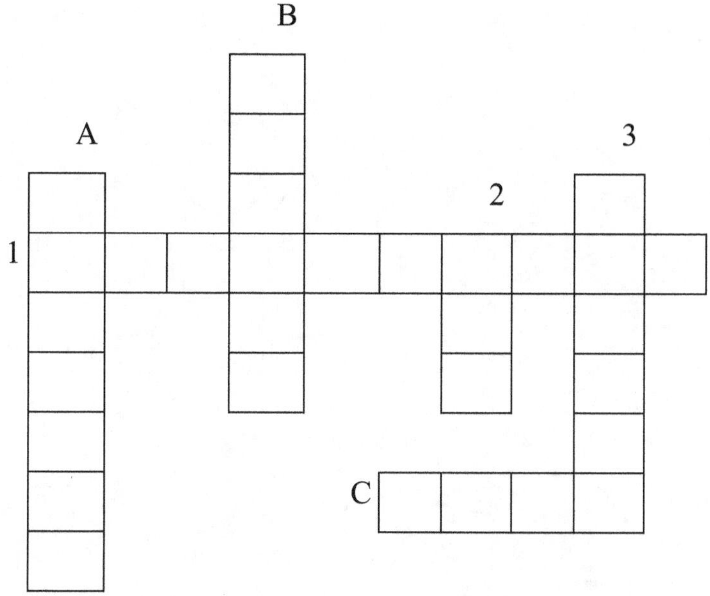

1 Titre de dette

2 La rentabilité d'une obligation

3 Taux d'intérêt d'une obligation

A Contrat échangé sur un margé de gré à gré

B Contrat qui donne droit et non l'obligation à son détenteur d'acheter ou de vendre

C Payoff

CHAPITRE IV : GESTION DES RISQUES FINANCIERS

Objectifs pédagogiques

Au terme de ce chapitre, vous saurez :

- Identifier les différents risques financiers auxquels font face les entreprises et les institutions financières
- Mesurer les risques financiers et d'identifier des stratégies pour les gérer
- Utiliser le concept de la VaR dans divers contextes pour analyser le risque

I INTRODUCTION A LA GESTION DES RISQUES FINANCIERS

Les investisseurs, les autorités de contrôle et les dirigeants portent une attention particulière à la gestion des risques dans l'entreprise. D'où le développement des produits offrant des couvertures plus fines en vue d'aider à mitiger le risque.

1.Définition du risque

Le risque représente l'incertitude sur un évènement futur. Il contient l'idée de changement imprévisible. Un risque se distingue par une intensité qui rapporte la perte possible au montant de l'exposition. Il se définit aussi par la probabilité d'occurrence de cette perte (fréquence)

La gestion des risques est le processus de mesure ou d'évaluation des risques et puis développer des stratégies pour gérer le risque.

2. La typologie des risques

Les risques de l'entreprise peuvent se répartir en cinq catégories :

- Le risque de marché

Ce type de risque résulte de l'évolution des prix des instruments financiers. Il se définit comme l'exposition de l'entreprise à une évolution défavorable des taux ou des prix. Il concerne les taux d'intérêt, les taux de change, les cours des matières premières ou des actions.

- le risque de crédit (ou de contrepartie)

Ce type de risque survient lorsque l'on ne remplit pas ses obligations envers ses contreparties.

C'est le risque de perte sur une créance ou plus généralement celui d'un tiers qui ne paie pas sa dette à temps.

- le risque de liquidité

Il se définit comme l'impossibilité à un moment donné de faire face à des échéances de trésorerie. Cette situation se produit lorsque que l'entreprise n'a plus d'actifs pouvant être transformés immédiatement trésorerie mobilisable. Cela peut résulter soit d'un nombre insuffisant d'acheteurs, soit d'un nombre insuffisant de vendeurs par rapport aux ordres de vente et aux ordres d'achat, respectivement.

- le risque pays (et en particulier le risque politique), réglementaire et légal

C'est le risque qui impacte l'environnement immédiat de l'entreprise et qui peut modifier substantiellement sa situation concurrentielle et le modèle économique lui-même

- le risque opérationnel

Ce type de risque résulte de défaillances opérationnelles telles qu'une mauvaise gestion ou des défaillances techniques. Le risque opérationnel peut être classé en risque de fraude et risque de modèle. Le risque de fraude résulte du manque de contrôles et le risque de modèle résulte d'une application incorrecte du modèle.

3 Les étapes de la gestion du risque

Les différentes étapes de la gestion du risque sont :

- l'identification des risques/ évènements : c'est la cartographie (*mapping*) des risques.

La détermination de l'intensité et de la fréquence permet de classer les risques.

Pour évaluer les risques détectés, la matrice de criticité est utilisée. Elle permet d'évaluer le niveau de vulnérabilité (la criticité) au moyen de l'association de deux indicateurs :

La criticité est ainsi obtenue par la multiplication des deux types d'indicateurs

$$C = P \times G$$

Avec

$P: probabilité\ d'occurence$

$G: gravité\ du\ risque$

Les seuils suivants sont définis selon un maximum de 36 (6×6) :

- risque faible (risque négligeable) ; notation comprise entre 1 et 6
- risque moyen (risque acceptable) ; notation comprise entre 7 et 13
- risque fort (risque à surveiller) ; notation comprise entre 14 et 23
- risque critique (risque à traiter) ; notation comprise entre 24 et 36
- la détermination des contrôles et procédures internes existants

Il s'agit d'évaluer l'adéquation du contrôle interne existant et de tester son efficacité. En effet, le contrôle interne œuvre à baisser l'impact négatif de la majorité des risques, à l'image d'un filtre. La détermination d'un risque résiduel et l'évaluation : le contrôle interne gère et élimine a priori une grande part du risque facilement maîtrisable. La société est alors en mesure de déterminer le risque résiduel. Reste à en évaluer l'impact potentiel qui sera déterminant pour la phase ultime.

- La définition d'une stratégie de gestion : elle passe par la réponse à deux questions :

- internaliser le management du risque ? Quel en est le coût ?
- externaliser le management du risque ? Quel en est le coût ?

Le manager réalise un arbitrage en relation avec le niveau de couverture et le coût de chaque stratégie. Mais le choix de couvrir ou non un risque n'est pas aussi binaire qu'il y paraît au premier abord : bien souvent la meilleure solution est un panachage.

II MESURES ET TRAITEMENT DES RISQUES FINANCIERS

Initialement, la plupart de ces outils de mesure ont été développés par les banques qui, du fait de leurs activités propres, sont plus fortement exposées aux risques financiers, avant d'être utilisés progressivement par les entreprises exposées aux risques.

1.Mesures des risques financiers

La VaR (*Value at Risk*) est une mesure plus fine du **risque de marché**. Elle représente la perte potentielle maximale d'un investisseur sur la valeur d'un actif ou d'un portefeuille d'actifs et de passifs financiers compte tenu d'un horizon de détention et d'un intervalle de confiance. Elle se calcule à partir d'un échantillon de données historiques ou se déduit de lois statistiques.

La VaR est utilisée par les établissements financiers et les régulateurs bancaires comme un outil de contrôle du risque. La Value at Risk ou valeur à risque donne une estimation de la perte potentielle d'un portefeuille soumis à des risques de marché.

$VaR = WZ_c\sigma\sqrt{T}$ avec :

W= Valeur du portefeuille

α=1-C, degré de confiance

Z : lié à la probabilité de réalisation

Tableau de correspondance de la loi normale

Zc	$\alpha = 1 - c$
1,2816	90,0 %
1,6449	95 %
1,9599	97,5 %
2,3263	99 %

σ= écart type pour une période est calculé en multipliant l'écart type annuel par la racine de la longueur de la période

T= longueur de la période

Le risque de crédit se mesure essentiellement, à partir des techniques classiques d'analyse financière ou de *credit scoring*

Le risque de liquidité se mesure soit à partir de la comparaison des échéances contractuelles des dettes et des estimations des recettes de trésorerie. Avoir à chaque échéance plus d'actifs devenant liquides (stocks vendus, créances payées…) que de dettes devenant exigibles.

Le risque pays se mesure généralement par une notation (qui peut être fournie par un tiers) prenant en compte notamment la stabilité des gouvernements, la récurrence des guerres et autres crises.

Le facteur humain est à l'origine de la plupart des **risques opérationnels** par manque de compétence ou d'éthique : recrutement maladroit, formation inapproprié, rémunération non incitative. L'audit des ressources humaines doit jouer un rôle prépondérant dans la gestion du risque opérationnel.

2 Mitigation des risques potentiels

Une fois les risques identifiés et évalués, toutes les techniques permettant de gérer le risque tombent dans une ou plusieurs de ces quatre grandes catégories.

Transfert des risques

Le transfert des risques signifie que la partie attendue transfère la totalité ou partie des pertes consécutives à l'exposition au risque envers une autre partie moyennant un coût. L'assurance les contrats impliquent fondamentalement des transferts de risques.

Prévention des risques

Eviter le risque ou les circonstances pouvant entraîner des pertes d'une autre manière, cela inclut le fait de ne pas effectuer une activité qui pourrait comporter un risque. L'évitement semble être la réponse à tous les risques, mais éviter les risques signifie également perdre le gain potentiel qu'accepter (conserver) le risque aurait pu permettre. Ne pas entrer dans une entreprise pour éviter. Le risque de perte évite également la possibilité de réaliser des bénéfices.

Rétention des risques

La rétention des risques implique que les pertes résultant d'un risque d'exposition doivent être conservée ou assumée par la partie ou l'organisation. La rétention des risques est généralement une décision délibérée. L'auto-assurance et la captive d'assurance sont les deux méthodes de rétention.

Une captive d'assurance est généralement définie comme une compagnie d'assurance entièrement détenu et contrôlé par ses assurés.

L'ajustement

La fixation immédiate du prix ou du taux futur (le terme) permet d'éliminer totalement le risque puisque le prix futur est fixé à l'avance et ne peut pas être modifié. L'entreprise qui initie l'opération ne peut plus bénéficier d'une évolution du paramètre favorable à ses intérêts. La technique utilisée est celle du terme.

Application : Mots croisés

Remplir la grille ci-dessous à l'aide des définitions

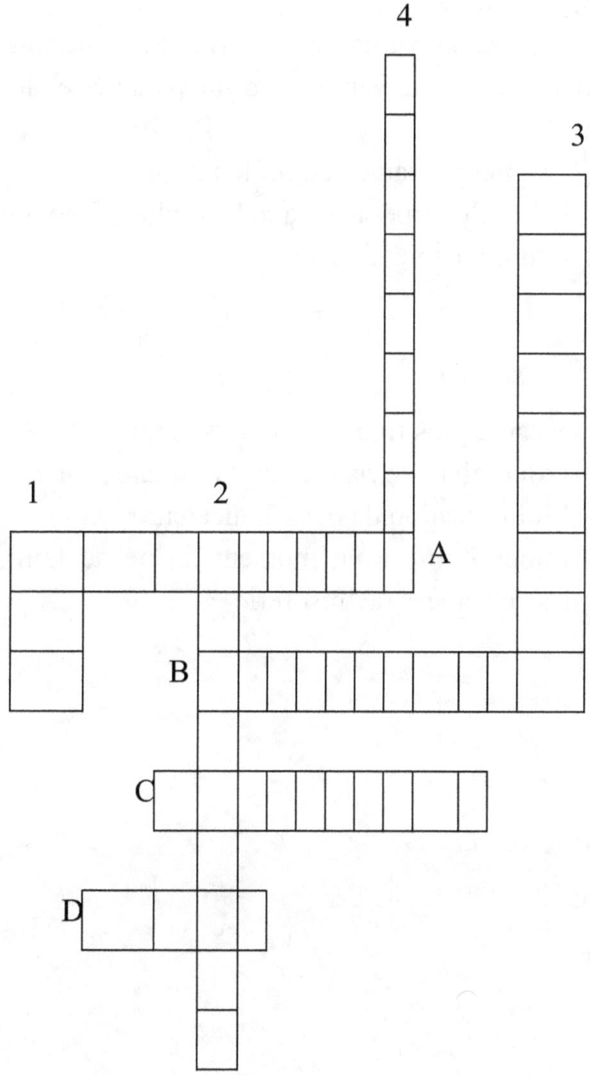

A. Ce risque se produit une année exceptionnelle

B. Mesure la variation du prix d'un produit financier suite à la variation d'un paramètre du marché

C. Premier niveau de contrôle interne

D. Lorsqu'un opérateur a acheté plus de sous-jacent qu'il n'en a vendu

1. Mesure plus fine du risque de marché
2. Externaliser le risque en payant une prime
3. Multiplication de deux indicateur F×G
4. Impossibilité à un moment donné de faire face à des échéances de trésorerie

Bibliographie

Aftalion, F. (2005). Le MEDAF et la finance comportementale. *Revue française de gestion*, avril, n°157, 203-214.

Fama, E. F. (1970). Efficient capital markets: A review of theory and empirical work. *The Journal of Finance*, 25(2), 383–417.

Hull, Options,futures et autres actifs dérivés, 10e éd., Pearson 2017

Hull, Gestion des risques et institutions financières, 5e és., 2018

Jensen M 1968 « The performance of mutual funds in the period 1945-64 » journal of finance vol 23, p 389-419

Lee, C. F., et Rahman, S. (1990). Market timing, selectivity, and mutual fund performance: An empirical investigation. *Journal of Business*, 261-278.

Quiry, Le Fur, Vernimmen, Finance d'entreprise, éd 2020, Dalloz

Rozeff, M. S., et Kinney, W. R. (1976). Capital Market Seasonality: The Case of Stock Returns. *Journal of Financial Economics, 3*(4), 379-402.

Table des matières

Structures éditoriales du groupe L'Harmattan

L'Harmattan Italie
Via degli Artisti, 15
10124 Torino
harmattan.italia@gmail.com

L'Harmattan Hongrie
Kossuth l. u. 14-16.
1053 Budapest
harmattan@harmattan.hu

L'Harmattan Sénégal
10 VDN SICAP AMITIE 3
BP 45034 Dakar-Fann
direction@senharmattan.com

L'Harmattan Cameroun
Tsinga/Derrière polyclinique FECAFOOT
BP 11486 Yaoundé
Jacques.koukam@harmattan.fr

L'Harmattan Burkina Faso
Villa 281, secteur 23 623, rue 14.32
Ouagadougou
zagbie@outlook.fr

L'Harmattan Guinée
Almamya, rue KA 028 OKB Agency
BP 3470 Conakry
harmattanguinee@yahoo.fr

L'Harmattan RDC
185, avenue Nyangwe
Commune de Lingwala – Kinshasa
matangilamusadila@yahoo.fr

L'Harmattan Congo
219, avenue Nelson Mandela
BP 2874 Brazzaville
deunovmikhael@gmail.com

L'Harmattan Mali
Immeuble Mgr Jean Marie Cissé
Aci Hamadallaye
BP 145 Bamako
syllaka@yahoo.fr

L'Harmattan Togo
Djidjole – Maison Amela
face EPP BATOME
02 BP 20680 Lomé
didieramela11@gmail.com

L'Harmattan Côte d'Ivoire
Résidence Karl – Cité des Arts
Abidjan-Cocody
03 BP 1588 Abidjan
harmattan.ivoire@gmail.com

L'Harmattan Bénin
Rue 604, (Immeuble à l'entrée
de la rue UCAO- Cite de Saint-Jean)
Cotonou
stepcorpus@gmail.com

Nos librairies en France

Librairie internationale
16, rue des Écoles
75005 Paris
librairie.internationale@harmattan.fr
01 40 46 79 11
www.librairieharmattan.com

Librairie des savoirs
21, rue des Écoles
75005 Paris
librairie.sh@harmattan.fr
01 46 34 13 71
www.librairieharmattansh.com

www.ingramcontent.com/pod-product-compliance
Lightning Source LLC
LaVergne TN
LVHW051412061026
849535LV00009B/3491